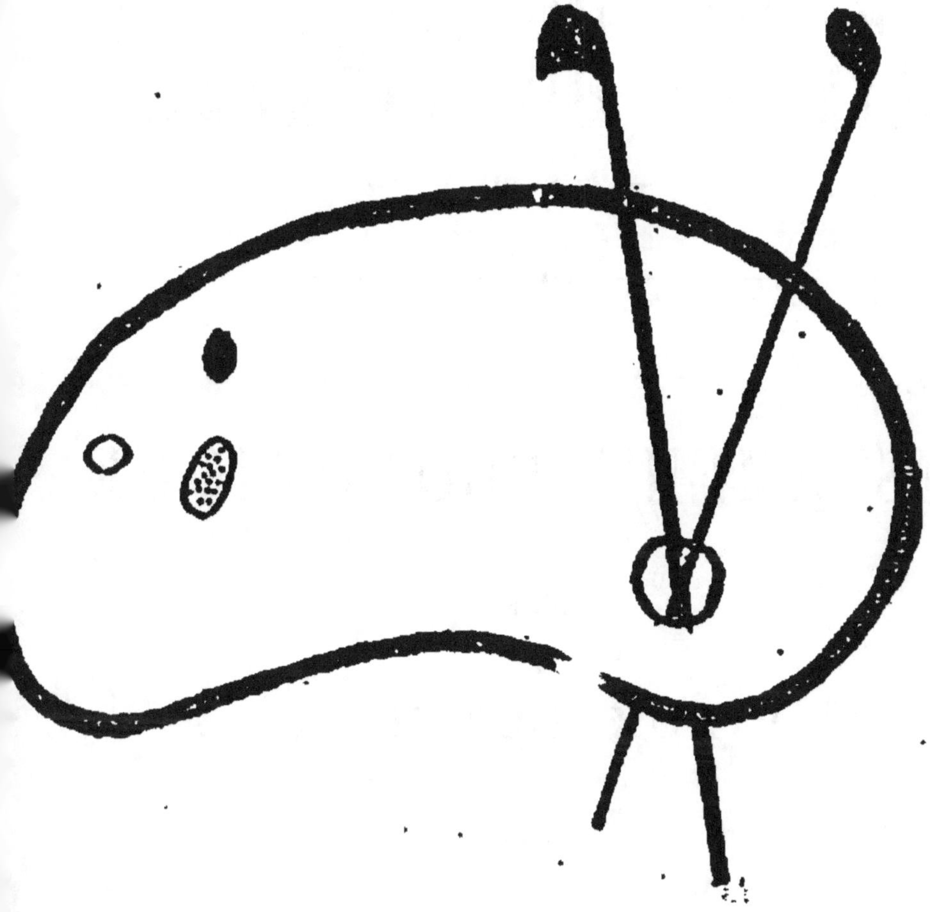

DEBUT D'UNE SERIE DE DOCUMENTS
EN COULEUR

JOSEPH BAZI

L'AVENIR DE CHAMBÉRY

— 2e SÉRIE —

TESTAMENT ÉCONOMIQUE

D'UN

VIEUX LUTTEUR

PRIX : 50 CENTIMES

1897

CHAUMIERE SAVOYARDE

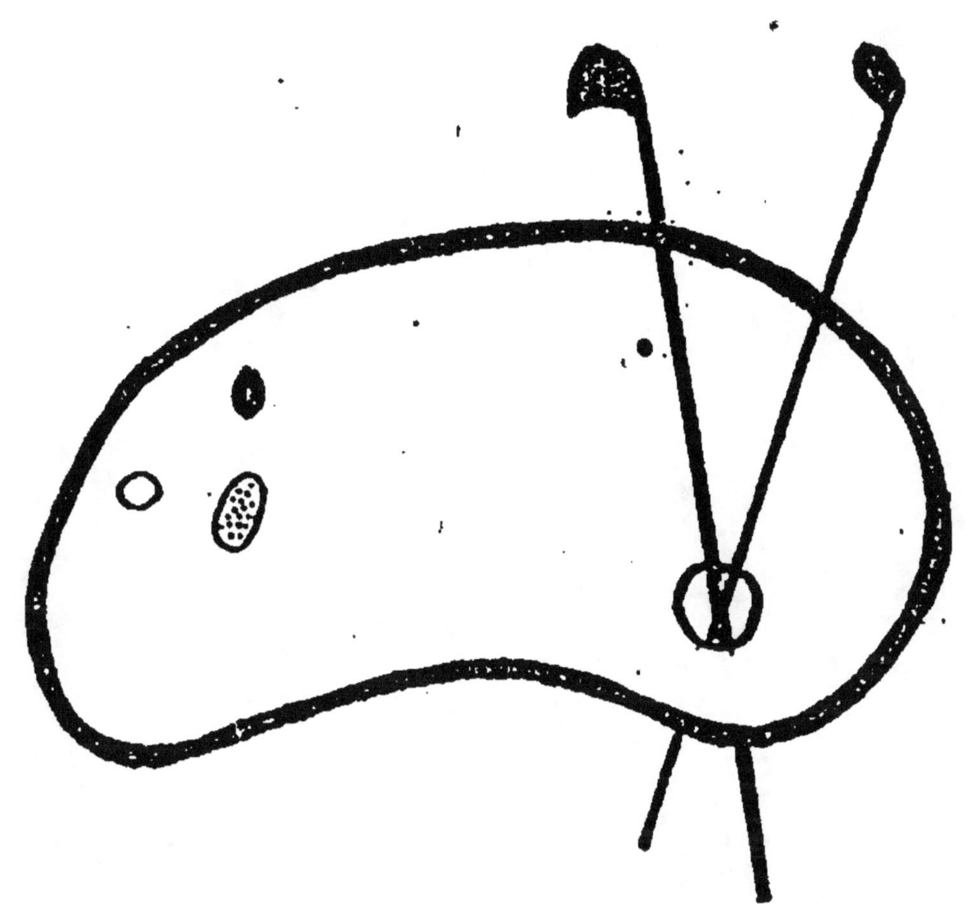

FIN D'UNE SERIE DE DOCUMENTS
EN COULEUR

L'AVENIR DE CHAMBÉRY

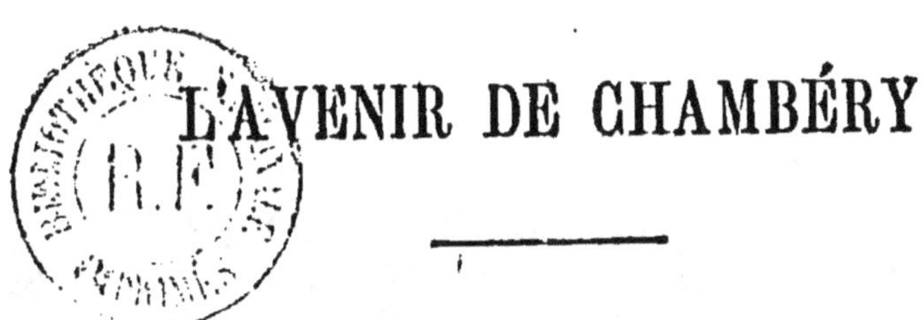

Sous ce titre, a paru, en 1892, une petite, brochure. La plupart des questions qui y étaient traitées sont, aujourd'hui encore, de la plus urgente actualité : écoles, eau potable, cimetière, travaux d'aération et d'embellissement, etc.

Mais un sujet aussi complexe ne se peut résoudre en quelques pages. De nouveaux faits ont aussi prêté à de nouvelles réflexions, à de nouveaux projets.

Il fallait à cette brochure une suite ; il fallait y relever les fautes commises, en dégager les responsabilités et tâcher d'en prévoir les conséquences pour les amoindrir, si possible. Cette suite, nous la donnons aujourd'hui, sans arrière-pensée de rancune à l'égard de qui que ce soit, ni de réclame en notre faveur.

L'esprit d'initiative des Chambériens est endormi depuis trop longtemps. Nous sonnons le tocsin du réveil.

Peut-être, sommes-nous à la veille d'événements qui seront de la plus haute importance pour l'avenir de la ville. — Il nous faut être prêts pour la lutte.

Chambériens, à l'œuvre !

1.

La Savoie avait, il n'y a pas longtemps encore, une réputation bien imméritée de retard et d'ignorance. Il nous souvient d'un article paru, au printemps 1896, dans le *Figaro*, où le correspondant de l'aristocratique journal rendait compte d'une excursion par lui faite au pays savoyard. Avant d'entreprendre ce périlleux voyage, il avait jugé prudent de s'informer dans son entourage mondain.

— La Savoie, lui répondait-on, mais c'est chez les sauvages !

Certes, jusqu'à présent, une étude approfondie et impartiale a prouvé largement aux statisticiens le non fondé de pareille insinuation, et l'égalité, la supériorité même, à bien des rapports, de notre département sur ceux limitrophes.

Mais, à cette heure, ne subissons-nous pas un arrêt ? Pis, ne rétrogradons-nous pas ?

A cette époque de progrès rapide, d'idées larges et généreuses, d'émancipation et de bien-être, quand un pays n'avance pas, il recule ; toute minute d'arrêt équivaut à un pas en arrière.

Or, un seul regard démontre que depuis de longues années la Savoie, Chambéry surtout, n'ont pas bougé, n'ont pas suivi dans sa marche en avant, l'autre part du pays. Tout est-il donc pour le mieux dans la meilleure des villes possibles ? Nullement. Chambéry se doit à lui-même de vivre, de vivre en se développant, en multipliant sa population, ses monuments, son commerce, en accroissant sa salubrité, en élargissant sa circulation.

Qu'est Chambéry ? La *capitale* de la Savoie,

donc le point central des innombrables curiosités que contient la Savoie. Il lui faut ainsi, en petit, toutes les attractions, tout le relief, — au figuré, — toute l'aération du pays dont il est la tête.

Or, dans ce sens, pour atteindre ce but, qu'avons-nous fait ? — Rien.

Et, sans plus tarder, je tiens à rendre responsable de la décadence de Chambéry, pour une bonne part, cette faible, cette infime majorité qui nous menait, dans la précédente municipalité, et celle — point changée — qui, aujourd'hui, fait fi du savoir, de l'abnégation, de la bonne volonté d'une minorité de démocrates, de convaincus, de fermes à toute épreuve, prêts à tout devoir, à tout sacrifice, celui de l'honneur excepté, pour le relèvement de notre prestige et de notre dignité.

Pour ma part, on peut m'en croire, j'ai usé à l'égard de ceux qui tenaient en main nos destinées, de tous les moyens permis à un honnête homme, pour qu'ils guident ces destinées dans la voie de la prospérité et du bien-être.

Il n'est pire sourd que celui qui ne veut pas entendre. Ceux-là ne m'ont pas entendu, ne m'ont pas compris.

Que le public, aujourd'hui, juge entre nous !

Rien n'a été fait, disons-nous. Pourquoi ?

Voilà ce que nous avons voulu connaître, sans prévoir, à la vérité, trop de difficultés dans cette recherche, aidés que nous y étions par une expérience, vieille déjà, des aspirations de la cité, et encouragés par la confiance et la sympathie que depuis longtemps, le public chambérien ne nous ménage pas.

C'est donc à lui spécialement, — à lui qui devrait, par le menu, connaître la gestion des intérêts municipaux et qui n'en sait que ce qu'*on* veut bien lui laisser entrevoir, — c'est à lui, que s'adresse ce petit travail.

C'est, en même temps qu'une critique de l'œuvre générale de la municipalité, acerbe peut-être, mais juste et raisonnée toujours, un compte rendu de notre mandat, ces deux buts étant indéliables ; et aussi un programme de ce qui aurait dû être fait, de ce qui se fera, nous en avons du moins le ferme espoir.

Les électeurs sont, en la matière, juges en dernier ressort, qu'ils pèsent nos arguments, qu'ils discutent nos propositions ; qu'ils émettent leur avis. S'ils croient nos jugements sensés, qu'ils les ratifient ; nos aspirations identiques aux leurs, qu'ils les appuient.

Le mandant ne s'est point dessaisi de ses intérêts pour les avoir confiés à un mandataire. Il a, sur ce dernier, le droit de surveillance continuelle. Il peut, quand il lui plaît, lui demander compte de sa gestion. Or, Chambéry veut aujourd'hui savoir ce qu'il est, où il va ; il est lassé de sa marche à tâtons, dans les ténèbres de ses affaires, dans la nuit de son administration.

— Qu'il prenne, dites-vous, un bâton pour se conduire !

— Qu'il prenne plutôt, rectifions-nous, un bâton pour chasser les marchands du temple, les ambitieux et les intrigants des sièges électifs.

Ce travail paraît donc à son heure. Il n'est point trop tard pour protester contre des décisions toujours tangibles et révocables ; il n'est point trop tôt, non plus, pour sonner, contre des élaborations fantaisistes et ruineuses, le carillon d'alarme.

II.

Tous, électeurs, vous me connaissez ; vous savez qui je suis, ce que je suis. Il serait donc oiseux de m'expliquer à vous sur ce point. Vous me l'avez prouvé en vous faisant, depuis longtemps, représenter par moi au Conseil municipal. Vous savez mes aspirations, mes aptitudes ; vous savez aussi que, mêlé aux intérêts généraux de Chambéry, j'en avais une connaissance assez large pour les défendre valablement auprès de qui de droit.

Mais, ce que je dois vous dire, c'est la manière dont j'ai soutenu vos intérêts, c'est l'énergie, c'est l'opiniâtreté que j'ai mises à faire valoir vos besoins et vos droits ; c'est ce que j'ai fait jusqu'à présent, ce que je compte faire désormais.

Rentrons en matière :

J'eus, un soir d'octobre, voilà six ans passés (1891), une conversation avec le maire que Chambéry possédait alors.

M. Perrier, me connaissant personnellement, n'ignorait pas la confiance qu'avait en moi le grand nombre de ses administrés, et, par cela même, que je n'étais pas à son égard une quantité négligeable. Il n'ignorait pas que le choix des électeurs était justifié, que j'étais apte à remplir pour le mieux mon mandat, que mon avis valait d'être recueilli.

Nous étions alors dans la rue Neuve.

— Comment, me demanda-t-il avec le ton de bonhomie qu'on lui connaît, comment vont les affaires ?

— Mal, répondis-je. Les finances de la ville, malgré les richesses de celle-ci, sont dans un état précaire, je n'ai pas à vous l'apprendre. La cause

6

en est que les ressources des industriels et des
commerçants sont au même point ; et, tout se
déduisant, la situation actuelle découle de la mauvaise gestion du Conseil, du manque d'entente
entre les élus, de l'inconscience, pour ne pas dire
de la mauvaise volonté, de leurs salariés, de la
façon déplorable dont sont prises et exécutées nos
délibérations.

Tenez, un exemple entre mille, fis-je en m'arrêtant.
Nous sommes ici dans une des plus belles, sinon
la plus belle rue de Chambéry. Tout au long des
Portiques, trente-deux becs de gaz ont été placés.
Les voyez-vous ?

— Non.

— Moi non plus. Ils y sont cependant, mais
brûlent vainement, dissimulés et comme honteux
derrière les piliers.

(Il y a de cela six ans, et au moment où nous
écrivons, les Portiques sont, la nuit, aussi sombres
qu'ils l'étaient à l'époque, alors que, sans supplé-
ment de dépense, on aurait pu leur donner le
caractère et la perspective de lumière d'une rue
de grand centre.)

M. Perrier était de belle humeur et tout disposé
à causer. Je devais donc profiter du hasard qui
me l'avait fait inopinément rencontrer, pour lui
exposer par le menu la funeste situation de la
ville. Je n'y manquai pas.

— La Savoie, continuai-je, a la position topo-
graphique la plus pittoresque. Cela est pour nous
un lieu commun. Ce serait aussi lieu commun de
vous détailler les avantages qu'elle en peut retirer.

Mais pourquoi n'avons-nous rien fait pour les
développer ? Pourquoi laissons-nous notre pays
se dépeupler au profit des centres plus grands, —

cela au bénéfice de l'étranger qui vient, chez nous même, étaler sa concurrence ?

Pourquoi ne faisons-nous rien pour retenir chez lui le peuple savoyard ?

Ne comprenons-nous donc pas que l'émigration, qui prétend s'enrichir au dehors, laisse, avec l'abandon, la ruine dans les familles et dans le pays ?

Ne comprenons-nous pas que tout Savoyard qui s'exile porte ailleurs un appoint d'énergie et de travail qui nous préjudicie de deux façons : en diminuant notre force personnelle et en augmentant celle du voisin ?

Et ne présageons-nous pas à quelle débâcle cela nous mène ? quel déplorable avenir cela prépare à la vitalité du pays, à ses intérêts, à la démocratie elle-même ?

Et quels sont les fauteurs de l'état actuel ? N'en sommes-nous pas responsables par notre inaction ? N'allons-nous pas, nous, les élus, nous faire taxer d'inertie ou d'incapacité ?

— Non pas, non pas ! Je reconnais parfaitement, certes, le marasme où nous nous débattons à cette heure ; je suis le premier à le déplorer et vous félicite de vous insurger contre lui, mais qu'y faire ? Il y a des siècles que les Savoyards émigrent. C'est de l'atavisme, c'est dans le sang, et nos compatriotes, bien sûr, ne renieront pas de sitôt leur humeur voyageuse. Ils s'en vont... mais ils reviennent.

— Ou ils ne reviennent pas. Ceux qui reprennent le chemin du pays le font vieux, se retirant de la lutte, alors qu'ils se sont usés ailleurs, qu'ils ont dépensé tout leur jeune sang, toutes leurs forces, toute leur énergie.

— Alors, quel remède ?...

8

— Le remède? L'initiative privée l'a montré. Des particuliers ont fondé, ici et là, des fabriques, des usines, des ateliers, des musées, etc.

Que les pouvoirs leur viennent en aide ; qu'ils suivent leur exemple, qu'ils agissent dans leur ressort ; que les corps élus, à défaut de ceux-ci que quelques hommes de volonté se mettent à la tête du mouvement, qu'ils fassent agir, qu'ils agissent eux-mêmes. Le peuple n'a-t-il pas des mandataires ? Qu'ils s'éveillent ; c'est le moment de se montrer, de faire preuve de capacité, d'intelligence, de bon vouloir, de dévouement...

Très attentivement, M. Perrier m'écoutait ; de temps à autre, d'un mouvement de tête, opinant à mon exposé.

— Vous dites vrai, finit-il par avouer. Il y a en effet à faire, beaucoup à faire, et dans le sens que vous indiquez. Le mal n'est point irréparable. Il nous faut tenter de regagner le temps gaspillé, de reprendre le labeur interrompu, et, avec le travail, la marche en avant pour le bien-être, pour l'émancipation, pour le progrès.

J'ai, comme vous, ajouta-t-il, la volonté de faire beaucoup et bien. Je vais, dès l'instant, m'enquérir de la marche suivie par les villes qui ont prospéré et vous rendrai compte des résultats de mes recherches. Venez donc me voir un moment.

Ce fut là, mes chers concitoyens, une conversation qui venait à son heure et pouvait décider de l'avenir de Chambéry. Je me la remémore très nettement, car nous étions l'un et l'autre, à cette époque, investis de votre entière confiance, autorisés par vous à faire ce que de droit ; nous étions en outre bien décidés à aller de l'avant et à repousser tous les obstacles. Pour ma part, ma décision est aujourd'hui ferme encore...

Je n'eus garde de manquer à l'invitation qui m'avait été faite. Quelques jours plus tard, je me rendis donc à la mairie où M. Perrier, en ma présence, fit appeler son secrétaire principal.

— Avez-vous, lui demanda-t-il, avez-vous exécuté les ordres que je vous ai donnés relativement aux renseignements à nous faire parvenir par les villes de Grenoble et autres ?

A notre stupéfaction, ce laborieux scribe, ce factotum municipal, que sa complaisante politesse et sa parfaite urbanité ont rendu indispensable à notre ville, M. le Secrétaire principal, en un mot, répondit par un « non » point expliqué.

Ainsi, voilà comment, à Chambéry, sont exécutés les ordres du premier magistrat de la cité ; voilà comment certains fonctionnaires entendent les intérêts de la ville ; voilà quelle opposition rencontre, chez quelques rétrogrades, toute idée de transformation et de progrès ; et voilà bien une des fortes raisons pour lesquelles l'on n'a rien fait et l'on ne fait rien.

Cette réponse, on le conçoit, n'eut pas l'heur de plaire à M. le Maire, qui dissimula son mécontentement du mieux qu'il put.

— En ce cas, poursuivit-il, un syndicat d'initiative nous est indispensable. Prenez donc l'*Annuaire de la Savoie* et vous m'y relèverez une liste de tous les hommes capables de nous aider dans l'œuvre que nous entreprenons : industriels, ingénieurs, architectes, banquiers, présidents de corporations, capitalistes, etc., et il cita quelques noms de personnes.

Puis, s'adressant à moi : — Envoyez-moi donc, à Paris, je vous prie, une note longue et détaillée de toutes les réformes, de tous les projets que vous croyez utiles. Je les étudierai longuement et la mise à exécution ne tardera pas.

Ce qui fut dit fut fait.

Aux vacances, M. Perrier revenu, je l'allai trouver.

— J'ai bien reçu vos projets dans lesquels je trouve beaucoup à utiliser, mais quelle que soit ma bonne volonté, il m'est impossible de m'en occuper *davantage* actuellement. Je suis débordé.

De fait, il l'était. Mais que cumulait-il alors une si considérable collection de charges, puisque, débordé, il n'avait pas le temps de les remplir ? Qui trop embrasse mal étreint.

Mes projets, néanmoins, auraient eu, depuis, largement le temps et l'occasion de recevoir au moins un commencement d'exécution.

Qu'a-t-il été fait ?

Rien.

Aucune des promesses à moi faites n'a été tenue, aucun des intérêts chambériens n'a été ménagé ; aucune des aspirations du pays n'a été satisfaite.

On ne trouvera donc pas étrange que je fasse, quoique tard, une protestation légitime. Que la municipalité actuelle en fasse son profit.

III.

Au 6 avril 1891, n'ayant reçu aucune promesse nouvelle de satisfaction de la part de M. Perrier, je lui adressai la lettre suivante :

« Monsieur le Maire de Chambéry,

« Je vous informe que, pour donner plus d'importance à la lettre que je vous ai écrite le 25 février dernier, je trouve à propos de la publier, afin que chacun émette son opinion, espérant qu'il en sortira quelque chose et que le public nous tracera de la besogne.

« Prochainement, je vous soumettrai une idée relative à l'emplacement destiné au monument de l'annexion.

« Agréez, etc. »

De fait, les projets furent publiés et commentés par la presse locale, entre autres le *Républicain de la Savoie*, rédacteur M. Charles Burdin, le *Courrier des Alpes*, rédacteur M. Bouvier, et le *Patriote Savoisien*, directeur M. Maillot.

J'en cite la teneur, avec les commentaires du *Républicain de la Savoie* :

PROJETS D'AVENIR POUR CHAMBÉRY

« Un de nos concitoyens, homme animé d'un très remarquable esprit d'initiative et doué d'une aptitude aux affaires qui s'est manifestée en plus d'une circonstance, a conçu de vastes et généreux projets pour l'avenir de Chambéry.

« Afin de les réaliser, il s'est adressé à diverses personnes des plus compétentes, et en particulier à M. Perrier, maire et député de Chambéry, leur soumettant ses idées et leur demandant leur appui et leurs conseils.

« Quelques-unes de ces idées, ainsi que les voies et moyens pour les faire passer dans la pratique, sont exposés dans la lettre suivante, adressée, il y a quelques semaines, à M. Perrier, et que le public lira certainement avec un très vif intérêt :

12

« Monsieur Perrier, député,
    maire de la ville de Chambéry, à Paris.

« J'ai l'honneur de vous confirmer les quelques questions que je vous ai faites lors de notre dernière entrevue, observations relatives à la situation économique de notre ville. Suivant votre expression, nous avons de nombreuses ressources pour sortir du marasme et de l'apathie qui sont causes de l'anéantissement d'une grande quantité de nos industries et qui, de ce fait, rendent la situation intolérable sous tous les rapports.

« Vous avez suggéré l'idée de former un syndicat composé d'économistes et d'hommes capables et compétents pour rechercher et trouver les moyens de sortir de cette situation.

« Votre initiative sera bien accueillie par toutes les personnes de bon sens, sans distinction de partis, car l'on doit savoir que ce n'est que par le travail que l'on peut améliorer la position de tout un pays ; et que, par l'éducation des travailleurs des deux sexes, on les mettra à même de combattre l'oisiveté, qui est la mère de tous les vices.

« Votre dévouement, votre énergie et vos aptitudes promettent une prompte solution. Vouloir, c'est pouvoir.

« Je vous remercie de l'empressement avec lequel vous avez accepté mon modeste concours.

« En attendant que l'on fasse pour l'ensemble de notre département — classé, comme richesse du sol, le quatrième de toute la France, sans compter ses sites si pittoresques — tout ce qui sera nécessaire pour améliorer son bien-être et mettre ses richesses en relief, examinons ce qui pourrait être fait pour Chambéry.

« Je proposerai que l'on fasse une carte de la ville et de ses environs ; une légende indiquerait les distances, les sites intéressants, les monuments, les curiosités, etc. ; sur la carte, les cours d'eau devraient être bien tracés, ainsi que leurs chutes, avec indication de la force que l'on peut obtenir et la destination où l'on pourrait les employer suivant leurs positions.

« De même pour les mines, forêts et carrières de toute nature.

« J'appellerai particulièrement votre attention sur la question des eaux minérales ; nous devons bien nous pénétrer que nous avons à faire, avant peu, de Chambéry, une ville d'eau importante. Il doit y avoir des analyses et des appréciations par des anciens chimistes et docteurs ; nous devons pousser à ce que les jeunes les complètent et les répandent.

« Si nous sommes logiques, nous commencerons par les eaux de la Boisse ; celles de Challes et autres, qui sont plus puissantes, étant connues du monde entier ; nous y arriverons par la force des choses ; il y aurait là une grande source de prospérité pour notre pays.

« Relativement aux eaux potables de la ville, je vous ferai observer que, pour en tirer parti, il y a encore des sacrifices à faire. Nous trouverons le moyen pour encourager les propriétaires à prendre en masse des abonnements : c'est la salubrité et l'intérêt général qui l'exigent.

« Il est parfaitement reconnu par tous les conseils d'hygiène que les eaux qui proviennent par nos pompes de nos puits et qui, forcément, reçoivent des infiltrations des égouts, sont toutes plus ou moins corrompues, et il est également reconnu par nos médecins que la plupart des maladies proviennent des mauvaises eaux.

« Malgré que les eaux de conduites proviennent de bonnes sources, elles perdent de leur fraîcheur ; pour éviter et obvier à cet inconvénient, il faudrait pousser à la consommation en faisant continuer les conduites pour alimenter les abattoirs ; cela aurait un double but : amélioration des eaux et possibilité de créer une industrie. La force motrice et les bâtiments existants seraient très propices pour établir, par exemple, une filature à façons, dont les frais d'installation seraient insignifiants.

« Une autre proposition serait de faire mettre à exécution le plus tôt possible le plan général de la commune de Chambéry, plan qui permettrait de prendre des dispositions en prévision de l'avenir.

14

« Au préalable, il faudrait terminer la question du cimetière qui devient un vrai obstacle contre lequel on se heurte. C'est décourageant. J'espère que vous comprenez l'importance de cette question et de ses conséquences ; dans tous les cas, on doit aviser ; l'orientation est tracée : nous devons semer pour récolter.

« Le plan en question devrait donc donner le tracé d'une ville nouvelle sur le plan de l'ancienne ; prévoir des boulevards, des rues, pour donner l'air et la vie à nos quartiers déshérités ; avec le temps et grâce à ce tracé, toutes ces maisons infectes disparaîtront pour faire place à des constructions saines et aérées ; des places devront aussi être prévues pour recevoir nos monuments historiques et autres ; en un mot, nos efforts doivent tendre à faire de Chambéry une ville saine, agréable et digne de sa vieille réputation.

« En attendant, je vous propose d'étudier entre nous le projet de couvrir l'Aisse, aux endroits où l'on veut des passages ; par ce moyen, on ne ferait pas de ponts et nous gagnerions de beaux emplacements ; de plus, nous aurions la satisfaction de cacher, à peu de frais, la vue d'une rivière aussi stérile que détestable.

« Revenons à ma première proposition. J'ai cherché à établir les forces motrices dont on pourrait disposer ; les voici énumérées. Bien entendu, ce travail doit être revu et étudié :

« La chute provenant de la conduite d'eau, dont je vous parlais plus haut, est évaluée en chevaux à.   15

« Quatre autres chutes à peu près à la même distance et inoccupées, en moyenne de 25 chevaux l'une 100

« Quatre autres à créer de 1 à 2 kilomètres 1/2, de 10 chevaux l'une   40

« Cinq autres à créer de 4 à 6 kilomètres de la ville, de la même force   50

« Plusieurs aux environs de la gare de la Cascade-de-Couz, évaluées à...................... 250

« Plusieurs, à peu près à la même distance, sur l'Aisse, évaluées à....................... 200

« A proximité de la gare du Viviers...........   30

« Soit près de 700 chevaux de force, et tout cela inoccupé.

« Une quantité d'industries pourraient utiliser cette richesse. Je les passerai succinctement en revue, sans entrer en ce moment dans aucune considération ; on pourra examiner à part leurs chances de vie.

« Et d'abord, celles existantes et auxquelles il faudra venir en aide : la grosse corroierie, la mégisserie, la ganterie, la poterie.

« Celles qui sont tombées et qu'il faut relever : fabrique de bougies et de savonnerie, fabrique de draps, filature de coton, fabrique de chapeaux, raffinerie de sucre, éclairage minéral, fonderie de fonte, construction mécanique, scierie de marbre (rétablie depuis un an), fabrique de gaze de Chambéry (relevée ces jours derniers, etc.

« Celles qui pourraient s'installer pouvant trouver sur les lieux les matériaux qui leur sont nécessaires : la poterie à feu, comme à Marseille ; les faïences, comme à Paris et Besançon ; la fabrication des meubles, fabrication de pâtes et papiers, etc., etc.

« Par ce temps de progrès général, il est douloureux de constater que le chiffre de notre population reste le même, sans augmentation sensible, au contraire, — la partie la plus virile et la plus intelligente de tout le pays, lasse d'attendre un travail qui ne vient pas, ne pouvant se résigner à l'humiliation de recevoir, pour vivre, l'aumône sous forme de secours.

« Recevez, Monsieur le Maire, en attendant une réponse, etc.

« *Un Conseiller municipal.* »

« Certes, c'est là un programme touffu, et à première vue, il pourra paraître un peu ambitieux. Mais, à le bien examiner, il apparaît comme parfaitement réalisable en toutes ses parties. Pour l'accomplir, il faudra beaucoup de bonne volonté et d'activité, un grand dévouement ;

mais ce sont là vertus que l'on peut trouver parmi nos concitoyens.

« Les fonds ne manquent pas, mais trop souvent, l'initiative privée fait défaut ; c'est cette féconde initiative qu'il faudra s'ingénier à faire naître.

« Un syndicat de gens capables et animés d'un ardent patriotisme devrait se former pour étudier une à une toutes les questions qui intéressent Chambéry, en examiner le fort et le faible, et, par la voie de la presse, qui, certes, sera heureuse de donner son concours à une telle œuvre, soumettre au public le résultat de ses travaux. »

Qui parlait ainsi ? C'est M. Charles Burdin qui n'avait, pour cela, consulté personne et agissait dans toute son indépendance de journaliste.

Ah ! c'est que ce Chambérien tant regretté unissait à une âme d'artiste un cœur de patriote ; c'est qu'il avait, lui aussi, rêvé pour sa bonne ville un avenir ouvert à toutes les lumières, à toutes les fortunes, à toutes les gloires ; c'est que, poète humanitaire, il aurait voulu Chambéry beau et bon : beau pour développer l'intelligence et l'esprit, bon pour purifier et fortifier les corps.

Je n'ai point l'habitude des courbettes et des compliments et l'on ne m'a point encore vu, que je sache, flatter un vivant, mais je dois rendre justice à ce mort qui fut, dans sa trop courte existence, un écrivain d'élite, un ami du peuple, et, je le répète, un patriote au cœur ardent.

Cette opinion sur Burdin m'est-elle personnelle ? Non. L'unanimité des habitants de Chambéry, de la Savoie aussi, pense identiquement de même.

Et pourquoi, une fois disparu de la scène publique, n'a-t-on plus pensé à lui? Pourquoi, surtout, *ceux* qui ont utilisé ses talents n'ont-ils plus eu pour lui le moindre souvenir? S'ils l'ont eu, comment l'ont-ils marqué? Burdin méritait-il cette indignité?...Ni une plaque commémorative, ni son nom à une rue quelconque : rien, rien, rien ! Vraiment, la majorité du Conseil et, avec elle, Chambéry tout entier n'ont pas eu, à son égard, une bien expressive reconnaissance.

Burdin m'exprima personnellement, lors de la publication de ce programme, le regret qu'il avait de ne pouvoir me suivre. Il entrevoyait, dans l'œuvre dont je tentais la réalisation, des susceptibilités à froisser, des intérêts personnels ne voulant point se sacrifier à l'intérêt général, en quelque minime part que ce soit, et il me laissa m'aventurer seul vers le but par lui et par moi entrevu.

Est-ce à dire qu'il manquait de courage ? Non pas, mais son énergie était annihilée par la maladie à laquelle il devait trop prématurément succomber.

Fort de la parole de M. Perrier, appuyé de toute la confiance, publiquement exprimée, de Charles Burdin, j'eus alors la persuasion de la réalisation prochaine de mon rêve. J'entrevis Chambéry agrandie, transformée, guérie ; je me figurais notre ville, dans un proche avenir, pimpante, coquette, aérée, repeuplée. Je comptais sur le patriotisme des administrateurs de la ville, à qui les conseils pratiques des hommes d'expérience ne devaient pas manquer. Hélas ! tout cela nous a fait défaut ; ce rêve s'est évanoui dans de cruelles déceptions et je ne puis que constater, aujourd'hui, combien sont endormis et la bonne volonté, l'acti-

18

vité, le grand dévouement, vertus que, paraît-il,
l'on peut trouver parmi nos concitoyens... »

Le *Courrier des Alpes*, de son côté, s'exprimait
ainsi, sous le titre : Intérêts chambériens :

« Ce conseiller municipal s'inspire évidemment
d'une idée généreuse. Il poursuit un but patriotique.
Comme il désire d'être aidé par la presse, nous
serons les derniers à refuser notre publicité pour
une œuvre d'intérêt chambérien... »

Cependant, une note discordante s'éleva dans
ce concert élogieux. L'*Indicateur*, dont M.
Mossière était le directeur, organe officieux de la
Préfecture et de la Mairie, l'*Indicateur* trouva
plaisant de blaguer les projets émis. Il y consacra,
n° du 18 avril 1891, sous le titre : Chambéry,
100,000 habitants ! un article long de deux colonnes,
que sa prolixité même nous empêche de reproduire.
Quelques perles, néanmoins, sont à citer :

« Hélas ! tout cela est fort beau, mais hélas !
encore, ce « Conseiller municipal » enfonce,
comme on dit, des portes ouvertes. Sans doute,
il est, comme l'enfer, pavé de bonnes inten-
tions, mais c'est tout ce dont on peut lui tenir
compte et le féliciter même. Tout ce qu'il
demande, tout ce qu'il désire, chacun le pense
avec lui et l'a pensé avant lui, chacun le veut
comme lui, mais si rien n'a été exécuté, c'est que
la possibilité de ces entreprises et les moyens
pratiques de les réaliser ont fait jusqu'à ce jour
absolument défaut. Il y a là, pour arriver à cette
transformation chimérique, et nous disons chimérique à cause de l'ensemble, de la variété et de la
complexité difficile et coûteuse des travaux à
faire, il y a là une entreprise qui demandera, en

supposant qu'elle fût possible, de nombreuses années, peut-être une moitié de siècle, peut-être plus, et qui exigera les efforts, la patience, l'esprit de sacrifice, la collaboration matérielle de plusieurs générations.

. « Ah ! certes, nous aussi, nous rêvons pour notre cher Chambéry, un avenir aussi prospère, et nous avons souvent développé ici toutes ces questions de transformation et d'accroissement, mais nous ne pouvons plus, ni nous ne voulons nous faire d'illusion sur un état de choses qui a, pour ainsi dire, un caractère fatal, et qui ne peut changer en quelques années par les moyens rapides qu'indique notre compatriote...

« Voyez, par exemple, que notre compatriote nous propose de faire revivre des industries locales qui sont tombées depuis l'annexion. Mais, est-ce que ces industries ont plus de chance de vivre aujourd'hui qu'hier ? Et par quels moyens pourrait-on les faire revivre ?

« Avant l'annexion, elles pouvaient se maintenir ici, et encore non sans peine, grâce à la protection douanière. Mais la concurrence étrangère, contre laquelle nous ne pouvions plus lutter depuis l'annexion, parce que nous n'avions ni les mêmes ressources, ni les mêmes procédés, ni les mêmes ouvriers, ni les mêmes débouchés qu'elle, la concurrence étrangère les a fait peu à peu disparaître ; et quel est le capitaliste ou l'industriel qui risquerait aujourd'hui des fonds pour les faire revivre ? Notre bourgeoisie savoyarde, et nous le regrettons, a toujours montré, depuis quelques années, une grande indifférence pour l'industrie et aime mieux envoyer ses fils aux facultés de droit et de médecine que dans ces grandes écoles commerciales et industrielles

de Lyon et de Paris, où ils apprendraient cependant l'art d'augmenter la fortune de la famille plus
rapidement qu'en se consacrant à la défense de la
veuve et de l'orphelin.

. . . .

« Mais ce que le « Conseiller municipal » veut
surtout, c'est de faire un Chambéry nouveau en
dehors du Chambéry actuel. Le Chambéry que
nous connaissons et que nous aimons tous, malgré
ses « verrues », comme on a dit jadis de Paris, ce
Chambéry-là, il faut ou le supprimer ou l'aban-
donner et en construire un autre tout de go, un
Chambéry neuf et brillant qu'on développera entre
le Verney et Bissy au besoin ! En d'autres termes,
il faut sacrifier la vieille ville, il faut couvrir
l'Aisse depuis la passerelle jusqu'au-delà du cimetière, faire disparaître le champ du repos, couvrir
le Verney de constructions, y élever même un
casino et créer de nouveaux boulevards dans toute
cette étendue de terrains !

« Vraiment, si nous ne connaissions l'honnêteté
incontestable de notre compatriote, à laquelle nous
nous plaisons à rendre l'hommage le plus sincère,
nous serions presque porté à croire que, comme
Cicéron, il travaille ici pour sa maison, et que tous
ses projets n'ont d'autre but que de défendre ses
intérêts ; mais nous repoussons énergiquement
cette pensée. »

. . . .

On le voit, M. Mossière, en traitant mes
projets d'irréalisables ne sentait pas du tout ce
que ses objections avaient de fantaisiste. Il est
mort maintenant, et je n'ai pas le droit d'être trop
sévère pour sa mémoire, mais il m'est bien permis
de dire à ses inspirateurs d'alors, à ses imitateurs

et à ses successeurs d'aujourd'hui, qu'il n'avait répondu à rien et tentait de déplacer les responsabilités de la Mairie.

Ses arguments, trop spécieux, pouvaient être facilement retorqués. Ils le furent. Le réalisable de mes projets fut nettement démontré à l'époque ; cependant, je ne résiste pas au désir de signaler une nouvelle fois ce que ses dires avaient de contradictoire. Je cite :

« Il y a, pour arriver à cette transformation chimérique… », et plus loin : « C'est là encore une illusion à ajouter à toutes celles qui fourmillent dans la lettre en question. »

On ne peut pas dire plus clairement que les projets sont ineptes et absurdes, mais M. Mossière s'était, précédemment, démenti lui-même quand il écrivait :

« Tout ce qu'il (le Conseiller municipal) demande tout ce qu'il désire, chacun le pense avec lui et l'a pensé avant lui, chacun le veut comme lui… »

Comment se fait-il donc que M. Mossière ait ainsi jugé des projets qu'il avoue avoir identiquement conçus ? S'il a, ce jour-là, parlé selon sa pensée, nous devons lui reconnaître une dose de sincérité qui frisait l'inconscience.

Plus bas, il dit encore : « Vraiment, si nous ne connaissions l'honnêteté incontestable de notre compatriote, à laquelle nous nous plaisons à rendre l'hommage le plus sincère, nous serions presque porté à croire que, comme Cicéron, il travaille ici pour sa maison, et que tous ses projets n'ont d'autre but que de défendre ses intérêts ; mais nous repoussons énergiquement cette pensée ».

Peut-on comparer cela mieux qu'à la fameuse

phrase de Paul-Louis : « Je vous dis, Monsieur, que vous êtes un imbécile, mais je suis certain du contraire ».

Arrêtons-là ces remarques ; elles deviennent oiseuses.

Dans le même goût se trouve la petite contradiction de son chef de file, M. Perrier, qui, certain jour, à propos du cimetière, m'interpellait ainsi :

— Voyons ! vous êtes intéressé dans la question.

(M. Perrier n'était-il pas dans le cas qu'il me reprochait en plaidant, au Palais-Bourbon, le maintien du *statu quo* des frais de justice ?)

Le lendemain — était-ce lune nouvelle ou suite de réflexion — sur un tout autre ton, M. Perrier me criait :

— Voyons ! où voulez-vous en aller ? Vous prêchez contre vos propres intérêts.

C'était là le vrai mot, car mes intérêts personnels ont souffert de celui que j'apporte à la chose publique, et, puisqu'on veut des faits, en voici du moins un :

Je possède au lieu dit « les Capucins » une maison actuellement presque inhabitée, parce qu'inhabitable. C'est, qu'en effet, à cet endroit, et mes voisins en sont victimes comme moi, s'amoncellent toutes les eaux provenant, depuis 150 mètres en amont, de la voie publique.

D'où pertes pour moi, pertes pour mes voisins, qui ne comprennent pas la répugnance que j'éprouve à plaider cette cause personnelle et collective.

Et cependant, voilà dix ans, le Conseil, en maintes circonstances, avait reconnu la réparation indispensable ; des vues de lieux avaient été faites. Qu'en est-il résulté ? — Rien. Pourquoi n'a-t-on pas donné suite à ces prémices ? Les commissions, à ce sujet, avaient pris accord avec les ponts et chaussées (service de la voirie) — ou du moins devaient l'avoir pris. Si elles ne l'ont pas fait, elles ont fauté. Et après tout cela, rien, rien quand même. L'urgence, ici, sera bientôt impossibilité.

Ah malheur! on emprunte des sommes folles pour faire du neuf et du luxueux, et l'on ne peut pas disposer de quelques malheureux cent francs pour une réparation que tout un quartier industriel demande!

Ne payons-nous donc pas nos impositions à un taux proportionnellement plus élevé qu'il n'est payé au centre de la ville? Ces impositions ne devraient-elles pas revenir au quartier en travaux indispensables?

Où en sommes-nous, sur ce point? — A payer en impôts plus que nous n'avons en revenus, à courir à la ruine et aux désastres financiers. Quel encouragement cela apporte à ceux qui se consument moralement et matériellement à la recherche du vrai et du mieux!

Certes, si pareille réclamation était faite par certains de mes collègues de la majorité, on en trouverait, de l'argent, on en trouverait...pour le gaspiller.

Aussi bien, je comprends que rien ne change ou que ce qui se transforme soit pire qu'avant.

L'organe de la Mairie, le *Patriote*, avait M. Maillot comme rédacteur. On l'a trouvé trop impartial, trop connaisseur pour frapper sur tel et tel, au premier signe; et l'on est allé chercher un inconnu qui, ignorant tout des hommes et des choses de Savoie, frappe à tort et cogne à travers, sans savoir sur qui ni sur quoi — parce qu'on le lui a commandé et qu'on le paie pour cela.

Celui-là, ma foi, mérite bien une mention toute spéciale pour l'habileté qu'il déploie à diviser le parti républicain et pour la politesse dont il use à l'égard des gens qui ne sont pas, comme lui, des professionnels de polémique salariés. J'ai eu par moi-même l'occasion de constater son urbanité, et je la recommande à ceux qui le paient, comme apte à leur attirer autre chose que les sympathies des électeurs.

Voici la chose :

La présente brochure fut précédée d'un avis communiqué, le 10 avril 1897, à tous les journaux de la localité. Elle fut, par moi-même, portée au bureau où pontifie M. Billault, pour la lui remettre. Mais j'avais à peine présenté mon papier et ouvert la bouche que M. Billault me reprocha violemment et grossièrement d'avoir déjà fait publier par le *Savoyard* la circulaire en question ; c'est en vain que je voulus expliquer que je n'avais fait encore aucune démarche auprès du rédacteur de ce journal, qui avait sans doute trouvé le document en ville, où il avait été distribué ; plus je tentais de m'expliquer, plus M. Billault devenait insolent ; il poussa l'audace jusqu'à me montrer la porte et ne s'arrêta que lorsqu'il me vit, par mon attitude, tout disposé à le jeter moi-même dehors.

La même circulaire fut communiquée à l'*Indicateur*, un officieux aussi, dont le rédacteur, craignant, en s'en occupant, de tomber dans la même faute que son prédécesseur M. Mossière, jugea pratique de s'abstenir,

Et garda, de Conrart, le silence prudent.

J'ajouterai que le *Courrier des Alpes,* qui fut toujours notre adversaire en politique, se trouve de plein avis avec moi quand il s'agit des intérêts primordiaux de la ville.

Puisque ce mot : politique, vient d'être écrit, qu'on me laisse, une bonne fois, m'expliquer sur ce point. Que je m'occupe de politique, c'est mon droit de citoyen, mais je puis affirmer que jamais dans les questions où l'intérêt de Chambéry était en jeu, elle n'a été mise en avant par moi. Elle pouvait choquer certaines croyances, et, par effet, aliéner pour notre ville quelques bonnes volontés.

Mais, puisque je m'offre l'occasion d'en parler, n'ai-je pas le droit de dire aux propagateurs des vieilles idées et des principes surannés qu'il n'ont jamais compris, qu'ils n'ont même jamais étudié les idées nouvelles, les principes républicains ? Ils pèchent, de ce côté, par ignorance, car il me semble impossible que, le remarquant, ils n'aient pas senti que la République était la seule forme de gouvernement pouvant être juste, loyale, conforme au progrès et au besoin d'émancipation ressenti par la démocratie.

En somme, il ne m'a été donné satisfaction sur aucun point et j'avoue ne plus me connaître moi-même, sortir entièrement de mon naturel, en remplissant ce rôle répugnant de dénonciateur. Mais, je le demande à tous ceux qui pensent, à tous ceux qui sentent le besoin d'agir, à tous ceux qui ont encore, comme on dit, du cœur au ventre, je leur demande s'il n'est pas indispensable, aujourd'hui, de clamer la vérité à toutes les oreilles, de dire au bon public :

— Tu paies et l'on se moque de toi ; tu paies et tu ne reçois rien en échange de ton argent ; tu sèmes et tu ne récoltes pas ; tu cours au devant de la ruine !

Mais ceux qui bernent ainsi le public ne craignent

donc pas de voir éclater un jour une grève formidable des contribuables, ils n'ont donc point la peur qu'à un certain moment, proche peut-être, la foule qui paie ne se lève et leur crie : — Rendez l'argent !

C'est là une perspective à laquelle je réfléchis parfois, et j'entrevois cette catastrophe comme imminente.

Il serait si facile cependant de l'éviter que je n'hésite pas, une nouvelle fois, à en indiquer le moyen :

Le commerce et l'industrie sont les pivots de toute agglomération, de toute vitalité ; eux, à leur tour, n'ont de développement possible que par le chemin de fer.

Or, a-t-on donné à la gare de Chambéry le rayonnement, le milieu, les tenants et les aboutissants qui lui étaient le plus favorables.

Non pas, et c'est pourtant ce qu'il fallait faire !

Cette question est intimement liée à celle du cimetière, avec laquelle elle fera l'objet du chapitre suivant ; mais je tiens à achever, auparavant, pour l'intelligence du lecteur, l'historique de la Mairie, qui m'intéresse spécialement.

M. Perrier, débordé, pour se consacrer (?) à ses fonctions de député, abandonna celle de maire de Chambéry. Il laissait les affaires publiques dans un tel désordre qu'il fut difficile de lui trouver un successeur. Les conseillers, mutuellement, se renvoyaient la balle et il fallut qu'une bonne volonté se manifestât pour que la ville ne se trouvât point dans une embarrassante situation.

M. Revoil, à dire vrai, fit preuve d'un grand dévouement en acceptant cette pesante charge. Mais, sous sa coupe, la ville changea-t-elle d'orientation ?

Il avait le titre, M. Perrier garda la fonction.

M. Challier, actuellement, est, qu'il le veuille ou non et par la force même des choses, dans le même cas. C'est la même main qui le guide, le même doigt qui le fait agir.

(Je ne veux pas, et il ne viendra à la pensée de personne de lui en faire un crime, mais c'est là une situation que l'on peut, que l'on doit constater et dont il est la première victime.)

Voilà où le bât nous blesse. Nous avons changé le corps et gardé la même tête. Les municipalités, les maires se sont succédés, la méthode d'agir reste identiquement la même. La toujours même volonté nous couche dans l'ornière d'où seul un énergique effort nous pourra tirer. Attendrons-nous plus longtemps? --- Non ! Et bien ! secouons le joug, faisons acte d'hommes libres, choisissons-nous des représentants, des directeurs, non pas des maîtres. Que les prochaines élections marquent pour Chambéry et la Savoie, le commencement d'une ère nouvelle.

IV.

Il y a quarante ans environ, Grenoble et Chambéry avaient une importance égale. A certains points de vue même, Chambéry l'emportait sur la cité dauphinoise, grâce à ses débouchés sur le Lyonnais et l'Italie.

Presque simultanément, dans les deux villes, eut lieu la construction du chemin de fer.

Les Grenoblois, gens pratiques, virent toute l'utilité que comportait cette innovation et voulurent lui faire verser son maximum de rendement.

Ils y ont réussi aujourd'hui, mais ils avaient alors pris les mesures que nécessitait ce progrès.

Le quartier proposé pour la gare fut nettoyé. Une avenue splendide y aboutissant fut percée, des squares furent créés, les monuments existants furent réfectés, d'autres nouveaux furent édifiés ; les vieux remparts entourant la ville furent détruits pour faire place à de coquettes habitations, à de luxueux hôtels.

La gare obtenait ainsi tout le confortable qui lui était nécessaire et de superbes résultats furent promptement obtenus.

Grenoble devenait bientôt le centre industriel et commercial de toute la région. Des capitalistes, captivés par les avantages à retirer des débouchés ainsi créés, y installèrent des usines ; les voyageurs, les étrangers, attirés et retenus par une réclame intelligente faite au travail de la ville et aux naturels attraits des stations voisines, thermales ou alpestres, y séjournèrent plus longtemps, s'y multiplièrent.

Les conséquences de ce mouvement sont faciles à déduire. La ville, en peu de temps, accrut son commerce, sa population, sa richesse, et tend, de plus en plus, à annihiler l'importance des cités voisines.

De son côté, que faisait Chambéry ?

L'édilité, à l'époque, en fait d'organisation préalable, jugea très facile et plus agréable de ne rien faire et ne parut s'intéresser que fort peu au progrès réalisé. Certes, pensait-elle, le chemin de fer est une belle chose, mais s'il a toutes les qualités qu'on lui prétend, il n'a pas besoin de notre concours pour nous être utile.

Les municipalités qui vinrent ensuite, jusque et y compris celle actuelle, tinrent le même raisonnement. Bien plus, le cimetière, rempart lugubre contre lequel se vient heurter tout espoir d'avenir pour Chambéry, le cimetière, dès l'époque, aurait dû être déplacé pour livrer passage à une *avenue de la gare*. Ce terrain et ceux avoisinants appartenaient presque tous à la commune ; donc, frais d'acquisition insignifiants à l'époque.

Et qu'a-t-on fait, au lieu de cela ? Le cimetière primitif n'étant point suffisant pour détruire tout projet de translation, on lui a adjoint Maché et partie de Lémenc. L'intention de maintenir ce *statu quo* déplorable était flagrante.

Mieux encore, sur l'espace non occupé par ces trois cimetières fondus, on édifia une caserne et on toléra, si on ne la provoqua pas, la construction de bâtiments du plus détestable goût.

Voilà tout ce que Chambéry peut présenter, comme premier aspect, aux yeux des voyageurs qui osent encore se hasarder chez nous ; voilà le capharnaüm que toutes les municipalités successives ont eu à cœur de conserver intact...

A-t-on fait mieux d'autre part ? Le passage le plus fréquenté des gens venant du dehors est la passerelle de la rue de la Gare.

— Une passerelle ? Pourquoi pas un pont ?

— Il y en a un déjà.

— Je connais ! le pont du Reclus, qui oblige les voitures et le bétail à faire un kilomètre pour revenir sur place, alors qu'actuellement le plus logique serait de convertir la passerelle en pont.

Et combien de fois, depuis qu'il en est question, le coût de cette construction aurait-il été couvert par le produit des contraventions dressées, avec une incompréhensible sévérité, aux brouettes ou au bétail qu'ouvriers, négociants ou cultivateurs croyaient pouvoir faire circuler ?

Je ne relate que pour mémoire les vexations sans nombre, les procès considérables dont cette passerelle fut la cause, et je dirai même, en figure de rhétorique, que cette passerelle jetée sur l'Aisse est un défi jeté à toute la population et spécialement à la Compagnie des chemins de fer dont le service intérieur est par elle considérablement gêné.

Ce n'est pas que les projets aient manqué au Conseil ; mais ce qui a fait totalement défaut, c'est la volonté de bien agir.

Il y a quelque dix ans, la résolution de ce changement paraissait bien arrêtée. Quelques mesures préalables étaient déjà prises, quand, pour un sujet futile, — l'achat superflu d'un bâtiment — tout demeura en panne. La construction fut renvoyée aux calendes grecques, et les fonds y destinés employés à luxueusement élargir le pont du Reclus. Je ne proteste pas, à dire vrai, contre cet élargissement lui-même, mais contre le temps où il a été fait. La municipalité n'aurait pas dû dépenser de folles sommes à ce travail de luxe, alors qu'ailleurs l'indispensable n'était pas fait.

La vieille méthode, au Conseil, est d'ailleurs de ne rien faire en temps, de ne rien mettre en place utile.

La Banque de France, par exemple, construite aux cinq cents diables, ne valait-elle point de l'être au beau centre de la ville, là où le commerce est plus animé, où les affaires sont plus nombreuses, où le plus circule l'argent.

Il y avait là une bêtise à faire, la municipalité a pris garde de ne la point rater.

Les résultats de la maladresse accomplie se font sentir aujourd'hui. On a voulu, en quelque sorte, transporter Chambéry en dehors de sa position naturelle, l'éloigner de son pivot commercial : la gare. Illogisme ! — Placée au centre, la Banque de France aurait eu pour corollaires : les écoles, — qui, là, nous eussent évité des collections de professeurs à payer et de bâtiments à entretenir à toutes les extrémités de la ville ; — sans nul doute aussi, le monument du Centenaire, *la Sasson*, qui dans son étreinte avec un étendard, prétend représenter l'union de la petite et de la grande patrie, et que ses plus chauds partisans d'autrefois voudraient à présent bien voir ailleurs.

L'exemple de ces noms est choisi à dessein. L'un, la Banque, appartient à l'Etat ; l'autre, *la Sasson*, a été élaboré par le Conseil général, mais la ville est maîtresse chez elle, et ces deux autorités se seraient inclinées devant sa volonté, si elle l'avait formulée.

Cela aurait en outre évité à certain intéressé, bien oublié aujourd'hui, de s'user le cerveau à imaginer un projet de rue allant du Théâtre à la Banque de France.

Oh, ces rues ! la bouteille à l'encre ! Au lieu d'une *Avenue de la Gare* si simple, si pratique, si peu coûteuse, n'est-ce pas une nouvelle et deuxième avenue du Champ-de-Mars qu'un conseiller a l'idée baroque de faire percer ?

Le Conseil, comme du pain bénit, s'est emparé du projet qui a cependant rencontré une vive opposition, dont je me flatte, et j'espère bien ne voir jamais cette avenue coûteuse et supplémentaire dont le quartier ne serait en rien avantagé.

A notre su, néanmoins, de tels cas peuvent seuls mettre le Conseil d'accord. L'inverse, invariablement, se produit quand la question à débattre est de premier intérêt. Quelle Babel devient alors la salle des séances ! Quels excès s'étalent de langue et de geste : éloquence ou ineptie, logique ou absurdité, éclats de concorde ou de méchanceté, de dévouement ou d'égoïsme.

D'inénarrables scènes ont lieu dont le spectateur impassible peut seul juger et qui ne laissent souvent, à certains acteurs, qu'un écœurement profond.

Pour ne citer qu'un exemple, n'a-t-on pas vu nos précédents maires manquer absolument aux volontés populaires, dans certains votes relatifs à la question du cimetière qui nous sont reprochés aujourd'hui, — cela, certainement, faute d'étude et de réflexion. N'ont-ils pas non plus, à certaine occasion dont ils doivent se rappeler, manqué aux intérêts chambériens en dédaignant une offre de publicité dont la ville et le département auraient largement profité?

Tonnerre ! faut-il que certains cerveaux soient atrophiés pour ne pas comprendre le mal de la situation, pour ne pas tenter d'y remédier ! faut-il que l'entêtement savoyard soit bien féru chez les conseillers pour que cette poignée d'hommes ne parviennent à se mettre d'accord.

Faut-il que les beaux parleurs du Conseil soient animés d'un zèle éminemment capricieux pour tenter, selon l'expression du peuple, de tout_faire tourner en eau de boudin?

Oh ! ceux-là, sur leurs votes néfastes, ils reviendront, comme ils sont revenus, dans la question Duresne, sur vote excellent autant qu'acquis. Ne peut-on donc pas demander aux rétrogrades de compenser le dommage causé à la ville pour avoir retouché, 12 ans après coup, des questions tranchées en premier abord.

Et faut-il que des intelligents, des chefs de file soient bien infatués de leur supériorité, bien privés d'esprit d'accommodement pour semer ainsi parmi nous le désarroi et la division ; faut-il qu'ils soient bien convaincus de leur infaillibilité pour tenter de faire échec à la Loi elle-même !

N'en a-t-on pas vu de ces *aspirants à plus haut*, honteux et confus, redouter une effervescence populaire pour avoir provoqué la condamnation de la ville par le Conseil d'Etat ; pour, après s'être disputés, se coaliser en seule vue de faire échouer une proposition sur le tapis depuis trente ans, proposition dont le rejet, sans cesse renouvelé, produit la décadence actuelle de Chambéry et la perte sèche, pour la ville, d'une recette qui aurait pu se chiffrer par millions — du transfert du cimetière, pour dire le mot.

C'est la principale des questions pendantes aujourd'hui encore devant l'opinion publique.

En l'état actuel des esprits et des mœurs, il n'y a qu'une façon de la résoudre : déplacer le cimetière et le transférer hors de ville.

Le lieu à lui destiner n'est qu'un détail. Le point essentiel, la translation, est rigoureusement exigé par la salubrité générale, et le public s'étonne que les médecins de la localité ne s'en soient pas plus inquiétés qu'ils ne l'ont fait.

Chambéry, là encore, ne prêchera pas d'exemple. Cela est fait partout, même dans les petits villages de Savoie, où les vivants jugent inutiles de se laisser tuer par les morts.

C'est devenu principe et Chambéry ne peut pas, n'a pas le droit d'y déroger.

Le transfert est d'autant plus urgent qu'il a été plus longtemps retardé. Le cimetière en face de la gare, le champ des morts en pendant avec le plus remuant quartier, voilà un monstrueux contresens.

Certains objectent la profanation qui serait, paraît-il, ainsi faite aux cadavres ensevelis. Je ne veux pas discuter le non fondé de cette objection, quoique les arguments ne manquent pas ; mais il en est un contre lequel nul ne peut trouver réponse : la Loi.

Et encore est-elle bénigne ! Elle demande un minimum de distance qui, pour Chambéry, n'est pas suffisant. Mais déjà, d'aucuns mettent en avant un moyen terme qui arrangerait tout : déplacer la ville elle-même pour ne pas toucher au cimetière !

Le transfert est inévitable, indispensable. Il doit être le premier acte à accomplir. C'est de lui que découlera tout projet d'embellissement, à considérer comme lettre morte si ce premier point essentiel n'est pas rempli.

Les causes qui le nécessitent ont été discutées assez longuement dans les assemblées élues et par la presse pour que je n'aie pas, ici, à les plus développer. Chacun a son idée arrêtée. Chambéry réclame avec avidité de l'hygiène, de l'air, du commerce. Au Conseil municipal de lui faciliter le troisième en lui accordant les deux autres.

V.

Cette étude est plus longue déjà que je ne l'eusse voulue. Tout n'est certes pas dit, mais je dois me borner. Quoique bien vieux et bien fatigué, je crois pourtant que j'aurai de forces encore assez, quand le moment sera venu, pour reprendre le labeur forcément inachevé.

Je n'ai fait, jusqu'à présent, qu'une critique,

mais impliquant en elle-même le remède à apporter au mal. La conclusion en sera donc courte.

Pour faire œuvre homogène et durable, il faut au Conseil un programme préalable de toutes les améliorations ou transformations qu'il voudra dorénavant faire subir à Chambéry. Le plan général de la ville est pour cela indispensable. Il est à l'étude et dans dix-huit mois — ou plus — il pourra être livré. D'ici là encore, la marche à tâtons, sans but, sans méthode, sans discussion. L'errement toujours, faute de raisonnement. Des délibérations, en outre, prises au pied levé, exécutées maladroitement ; des bêtises accumulées, réparées jamais ; voilà ce que le manque de programme nous a procuré et nous procurera tant qu'il n'aura pas été sérieusement élaboré.

Avant tout, cependant, il est des choses qui priment, qui ne doivent pas attendre plus longtemps :

1° La couverture partielle de l'Aisse, évitant la création de ponts et de quais ;

2° Suppression du cimetière pour causes d'insalubrité ou déplacement pour causes d'utilité publique ;

3° Création d'une avenue partant de la gare, qui devra desservir le centre commercial de la ville, aboutissant rue des Ecoles et parallèle à la rue du Lycée ;

4° Prolongation de la place Saint-Léger jusqu'à la place du Marché et au lycée ;

5° Suppression du passage à niveau du faubourg Nezin, à remplacer par un viaduc, dont un plan existe de M. Faga, architecte, etc.

Voilà qui est du propre ressort du Conseil municipal ; mais il est un autre terrain où l'initiative individuelle devrait se montrer un peu plus active, où les fortunés pourraient avantageusement faire fructifier leurs capitaux : c'est la réfection de certaines industries abandonnées.

L'exposé en serait trop long pour cet opuscule, mais aux lecteurs qui voudraient se mieux renseigner sur cette importante question, nous recommanderons l'ouvrage documenté d'un spécialiste, M. V. Barbier, *la Savoie industrielle,* dont nous partageons sur ce point toute la façon de voir.

M. V. Barbier, qui n'est point Savoyard, a obtenu certes, droit de cité, par l'érudition qu'il a mise au service de la Savoie. Il serait à souhaiter que beaucoup de nos compatriotes fassent pour leur petite patrie ce qu'il a fait lui, elle n'en serait pas au dernier degré de phtisie qui la mine actuellement.

Car, quoi qu'on dise, nous sommes bas, bien bas. Nous avons bribe à bribe, laissé se dissiper tout l'héritage amoncelé depuis la grande Révolution. Vraiment quelques-uns en ont profité ; ceux, chez nous, qui n'ont point connu le chemin de fer, pour avoir vécu avant son invention.

Certes, à l'époque, la Savoie, au même titre que les régions limitrophes, prospérait à souhait. Les charges étant minimes, les impôts presque nuls. La Savoie était réputée un des départements les meilleurs sous tous les rapports, quand une évolution formidable du progrès se produisit dans le monde entier : l'invention et l'extension immédiate du chemin de fer.

Toutes les villes, Chambéry exceptée, je l'ai dit, surent profiter de l'aubaine qui leur échéait ainsi, après avoir grandiosement — à force de sacrifices onéreux — ouvert leurs portes à ce bienfaiteur, le chemin de fer, à cette bienfaitrice, la gare. C'est par cela, je le répète, que ces villes se sont doublées de toutes façons, et récoltent aujourd'hui les fruits de leurs sacrifices, alors que Chambéry s'affaiblit, se ruine de plus en plus, de jour en jour, pour avoir dilapidé sa part d'héritage, et pour s'obstiner à clore dans son enceinte cette œuvre de mort, cette barrière d'où jaillissent tous les maux de notre décadence : le cimetière.

On conserve précieusement un champ des morts là où devrait être le champ du travail. La faute est grosse de conséquences ; c'est pour la ville, dans un avenir prochain, une question de vie ou de mort, — de mort surtout. C'est pour cette cause, c'est dans le but d'y obvier que je me lève aujourd'hui et que je crie à mes concitoyens :

— Ouvrez les yeux, comprenez ; confondez jusqu'à les rendre impuissants dans leur œuvre mauvaise ceux qui ont intérêt à ne rien changer, ceux qui s'obstinent à ne point voir les difficultés de la situation présente, ceux, orgueilleux inconscients, qui ne veulent point se soucier de la misère actuelle, préférant assister, aider à notre naufrage et régner sur des ruines, plutôt qu'avouer leur fautive incapacité et suivre les conseils d'une sage raison !

Tous, nous sommes sujets à fauter, à nous tromper, mais discutons nos actes, nous les ferons plus logiques, nous les réparerons s'il sont erronés. C'est à cela que l'on reconnaît les hommes de franc caractère, les serviteurs vrais de la démocratie, ceux enfin qui sont décidés une bonne fois à secouer le joug d'une routine obsédante et à modifier l'organisation néfaste qui nous étouffe.

Que n'a-t-on écouté Barbier ?

On eut repris un acheminement vers le mieux-être. Car nous y pouvons parvenir ; la langueur qui nous consume n'est point incurable ; il reste aux hardis l'espoir d'un sauvetage à opérer.

Prenons pour planche d'inévitable salut l'union de tous dans le but commun, la pacification des haines de partis et de coteries.

Que le Conseil municipal lui-même donne l'exemple ; qu'il mette fin à ses querelles d'individus, à ses discussions violentes autant qu'oiseuses, à sa marche en troupeau de Panurge.

Faisons preuve, dans cette ville républicaine de Chambéry, faisons preuve de la vertu républicaine la plus essentielle, la plus effective, la plus absente parmi nous, faisons preuve de solidarité.

Voilà ce qui nous manque ; voilà, avant toute chose ce que nous devons chercher, ce que nous pouvons obtenir, le but vers lequel tous aujourd'hui nous devons tendre, sans laisser parmi nous grandir les zizanies qu'à si pleines mains y sèment les Jules Billault.

Nous ne pouvons mieux comparer notre cité qu'à une bonne mère, délaissée depuis longtemps par ses enfants préférés — plus occupés à s'entr'envier qu'à ménager les intérêts de la maison — et qui leur demande aujourd'hui un peu moins de discorde et un peu plus de sagesse, un peu moins de paroles et un peu plus de travail.

Déjà, dans ce sens, une tendance se prononce. Depuis deux ans fonctionne à Chambéry un Syndicat d'initiative — j'en suis membre — formé d'hommes appartenant à tous les partis et décidés à pousser à la roue du progrès savoyard. Ils ont compris qu'en Savoie, *tout* mérite d'être connu, mis en lumière et que tout peut être matière de rapport. Ils ont compris aussi par expérience, que le travail seul peut nous mener à une entente dont l'exécution de notre devoir sera facilitée.

C'est en chemin de fer sur la ligne Chambéry-Aix, que j'écris ces mots et devant moi s'étale, luxuriante, la plaine de Voglans. Luxuriante aujourd'hui, mais combien peu il y a quelques mois, quand la malle des Indes et un autre train — où j'étais — se sont trouvés, 5 heures durant, bloqués par les eaux de l'Aisse, grossies de celles d'Hyères, qui se précipitaient vers le lac du Bourget, avec une fluviale impétuosité. Le service en fut interrompu pendant plus de trois jours. Il en est ainsi fréquemment depuis longtemps. Les eaux amoncelées se refoulent sur elles-mêmes, inondent la région et menacent Chambéry.

Malgré tous les travaux faits en aval, dispendieux autant qu'inutiles, la situation empire de jour en jour, cela est reconnu par les ingénieurs qui s'en sont occupés.

Il n'y a cependant pas, en France, de ville ainsi menacée qui se puisse aussi facilement défendre que Chambéry.

En amont, les deux torrents sont encaissés entre collines. Ne serait-il pas simple, dans cet encaissement, d'établir des barrages — d'où chutes d'eau utilisables comme force motrice — qui pourraient chacun retenir des milliers de mètres cubes de galets et de gravier, lesquels entraînés, s'accumulent en aval et sont seuls cause des inondations actuelles, dont la récolte est victime unique, mais qui se transformeront, dans un proche avenir en un sinistre épouvantable.

En aval, ce gravier, un peu que les riverains l'utiliseront pour leurs travaux de canalisation ou de drainage, un peu que le torrent entraînera le reste, ce dernier aura repris bientôt son lit naturel et paisible, au grand contentement des cultivateurs de la plaine.

Ainsi garantie, cette région si souvent condamnée pourra devenir, l'arrosage y étant très facile, un vaste champ de culture, pour la betterave surtout, — les spécialistes, même étrangers, affirmant ce terrain comme lui étant très propice ; cette culture, inévitablement, nécessiterait la construction d'une vaste fabrique de sucre qui, avec elle, ferait jaillir pour Chambéry et la contrée une large source d'avantages, profits et bénéfices.

Signalé à l'attention du syndicat comme un point où son influence peut le plus efficacement se porter.

Le syndicat donne l'exemple et marche de l'avant, que, dans la mesure de ses moyens, chacun l'aide et le soutienne.

Chambériens, debout donc, à l'œuvre tous ! Que les anciens ne ménagent pas aux jeunes les conseils de leur expérience ; que les jeunes, s'instruisant des fautes et des déboires passés, modifient le système d'agir, se lancent hardiment dans la voie des réformes et du progrès ! Que diable ! n'avons-nous donc plus de sang dans les veines ? ne sommes-nous plus Savoyards ? faut-il que le fouet des misères nous cingle les flancs longtemps encore pour que nous nous réveillions ? Chambériens, debout, à l'œuvre tous !

Chers Concitoyens,

J'avais l'intention de publier ici quelques documents fort importants, relatifs à de nombreux abus à réprimer et aussi à des projets de travaux, entr'autres :

1° Le transfert des hospices auquel je serai favorable au moment opportun. Quand ? — Je le dirai plus tard ;

2° L'emplacement propice à donner au monument de Maistre, plus grandiose que celui choisi ;

3° Le transfert du cimetière et l'emplacement à lui choisir — question capitale à cette heure, d'où dépendra tout l'avenir de Chambéry et qui sera pour la ville le grand événement de l'époque.

Mais cela aurait considérablement grossi ce travail, sans néanmoins le compléter. La pièce principale me manque, sur laquelle se devait baser mon programme d'avenir — que je publierai en temps possible. Il s'agit du plan général de Chambéry qui nous devrait être livré depuis plus d'un an, et qui ne le sera que...plus tard.

A propos de ce plan, nous devons exprimer le regret que son exécution n'ait pas été confiée à un compatriote ayant ses bureaux dans notre ville, le patriotisme savoyard consistant, pour beaucoup, à prétendre qu'en Savoie un homme capable est un mythe.

Ce n'est pas que je n'aie réclamé, mais sur ce point — comme sur beaucoup d'autres, d'ailleurs

— mes observations ont été vaines ; de parti pris, certains membres du Conseil municipal y demeurant sourds.

Et vous-mêmes, Chambériens, n'êtes-vous pas sourds aussi ? Avez-vous, jusqu'à présent, écouté souventes fois vos propres intérêts ? Si chez vous tout périclite, n'êtes-vous pas les premiers fauteurs du malaise ? Quels arguments faudra-t-il donc utiliser pour secouer votre torpeur, pour réveiller vos ambitions ?

Pour une fois, agissez donc directement ; à tour de rôle, allez rendre visite à notre dévoué Maire, expliquez-lui, une à une, vos doléances ; conseillez-lui de ne point trop presser le cours des affaires non urgentes ; d'en arrêter quelques-unes défectueuses ; insistez auprès de lui pour qu'il ne se charge point de la responsabilité de travaux placés mal et en temps défectueux ; pressez-le d'attendre le moment propice pour faire besogne utile et valable.

Mettons les choses au point. M. Challier, s'il le veut, peut, pour la ville, faire beaucoup. Notre organisation municipale pèche par la base ; tout y est à refaire. Cela, dites-le lui aussi. Elu, il ne se croira pas le droit de résister à ses électeurs et ira là où vous le voudrez mener — mais encore, faut-il qu'il sache que vous êtes décidés à le suivre et qu'il ne marchera pas devant vous comme un berger menant des moutons récalcitrants.

Si, de l'œuvre recommencée, réédifiée, il acquiert, lui, honneur et gloire, vous en retirerez, vous, profits grands et bénéfices nombreux, aux points de vue du travail, du commerce et du mieux être.

Certes, il aura beaucoup à faire : utiliser valablement les terrains délaissés, champ de foire, champ de Mars, cimetière lorsqu'il sera transféré, etc. ; faire fructifier les nombreuses ressources dont dispose la ville, acquérir à Chambéry l'importance qu'elle devrait posséder depuis 20 ans au moins, comme population, richesse, etc.

Il peut, je le répète — loin de moi l'intention de le flatter, — il peut faire beaucoup. Il a la confiance du Conseil municipal, de ses concitoyens, de nous tous, enfin ; qu'il agisse donc, il est apte à rendre à Chambéry de signalés et généreux services.

Pour moi, jusqu'à ce qu'œuvre sérieuse soit possible, je veux, l'esprit tranquille, mettre en ordre mes intérêts particuliers...attendre le moment propice pour faire besogne utile et valable.

Cela obtenu, et le plan d'ensemble livré, je reprendrai la lutte pour le bien public, lutte où, jusqu'ici, j'ai le mérite et le plaisir d'avoir conservé votre confiance et votre amitié.

1er juillet 1897.

Chambéry. — Imprimerie Vᵛᵉ Ménard.

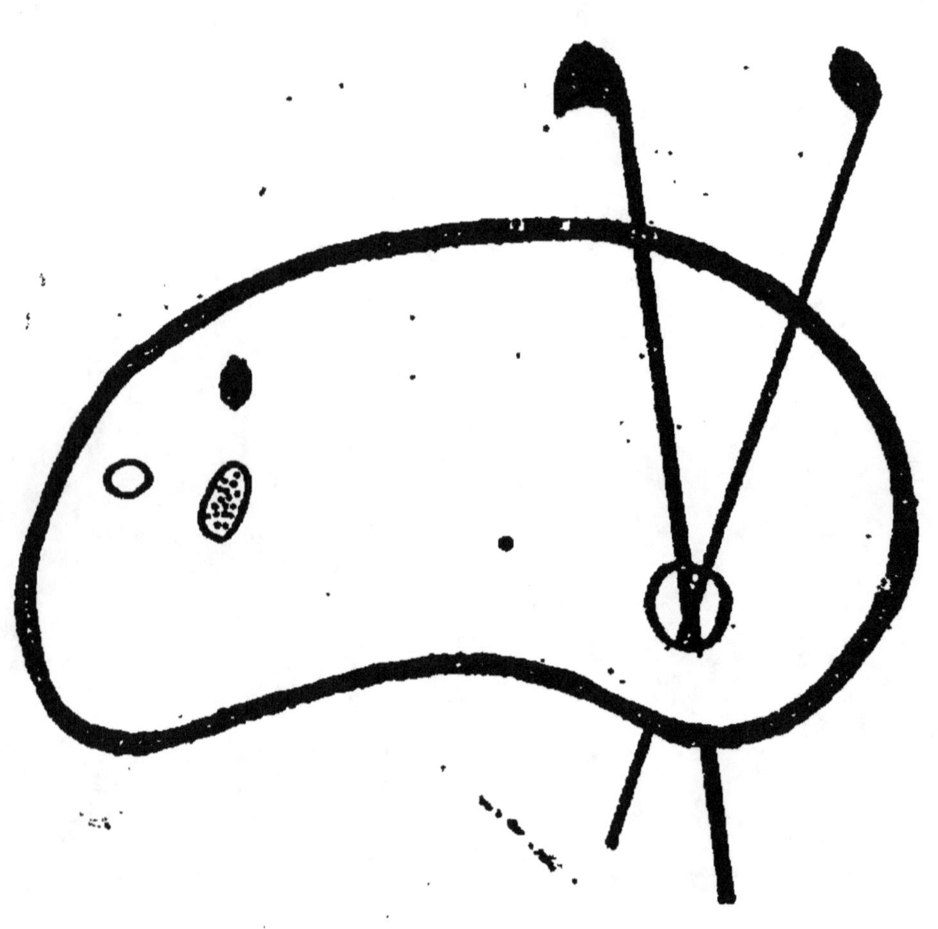